LETTRE

Adressée

A LA CHAMBRE DES DÉPUTÉS,

(PREMIÈRE SESSION DE 1831),

SUR

L'ORGANISATION

D'UNE DEUXIÈME CHAMBRE

DESTINÉE A REMPLACER LA PAIRIE.

Par A. P. F.

PARIS.

AU PALAIS-ROYAL.

—

1831.

LETTRE

ADRESSÉE

A LA CHAMBRE DES DÉPUTÉS,

SUR

L'ORGANISATION DE LA DEUXIÈME CHAMBRE.

Septembre, 1831.

Je viens, Messieurs, unir mes réflexions à celles qui ne manquent pas de vous préoccuper, en songeant à ce que vous avez fait et à ce que vous êtes appelés à faire pour le bonheur de notre patrie. Aujourd'hui que chaque citoyen est rentré dans la plénitude de ses droits, permettez à l'un des plus obscurs de vous entretenir des intérêts communs à tous : chacun a le droit de participer, moralement du moins, au gouvernement de la France ; si faible qu'elle soit, sa voix doit être écoutée, parce qu'il n'est personne ici-bas qui ait le monopole de la raison et des lumières, à la possession desquelles tout homme est participant.

De là découle véritablement le principe de la souveraineté nationale ; car s'il y avait parmi nous un seul individu qui fût en possession exclusive d'être éclairé des lumières de la raison, cet individu, et aucun autre, serait nécessairement souverain; mais, comme il n'en est pas ainsi, et que chacun participe de la raison éternelle, même lorsqu'il n'en fait pas usage, il s'ensuit que le principe souverain réside en lui, et que la souveraineté est un de ses attributs, comme l'intelligence et la liberté elles-mêmes.

C'est donc uniquement parce que la raison est le seul souverain légitime de l'homme en société, et qu'elle habite d'une manière plus ou moins manifeste, il est vrai, mais constante et générale dans chacun de nous, que nous avons tous des droits essentiels à la souveraineté.

Cette vérité apparaît dans un plus grand jour chez une nation à mesure qu'elle s'éclaire et qu'une civilisation plus avancée communique à un plus grand nombre de ses membres la connaissance de l'homme et la conscience de ses facultés. Alors chaque homme prend une idée exacte de ses droits et de ses devoirs : son devoir, d'obéir à ce souverain invisible représenté par la loi, auquel il se sent soumis et auquel il sait que les autres hommes sont soumis comme lui; son droit, de n'obéir qu'à ce souverain seul, ou à la loi qui en est la manifestation, et d'exiger que cette loi écrite, à laquelle il doit obéir, soit faite de manière à être la manifestation la plus parfaite de ce souverain qui réside en lui et en autrui.

Alors chacun revendique le droit de faire la loi, c'est-à-dire de la déclarer et de l'exprimer; chacun revendique l'exercice de la souveraineté, véritable souveraineté de droit divin, puisque chacun de nous en naissant la reçoit de Dieu avec la vie; droit divin auquel tout homme peut prétendre, pourvu qu'il n'y prétende pas exclusivement.

La souveraineté est donc le droit qu'a tout homme de n'obéir qu'à la loi, de participer par lui ou par ses représentans à sa formation, et d'exiger que sa confection et sa mise à exécution soient entourées de toutes les garanties possibles; ajoutons en même temps le droit de résister par la force à tout ce qui ne serait pas la loi, à tout commandement qui ne se ferait pas en son nom : droit terrible dont les nations, dans l'intérêt de leur propre prospérité, ne doivent user qu'à la dernière nécessité, et de l'exercice duquel la sagesse et la prévoyance de ceux qui gouvernent consiste principalement à savoir préserver l'humanité.

Voilà dans quelles limites est renfermé le droit de la souveraineté. En ce sens on a raison de dire que la souveraineté réside dans la nation ; mais il serait absurde d'en conclure qu'un peuple, c'est-à-dire un grand nombre d'individus, puisse plus qu'un seul individu ériger en loi tout acte quelconque de sa volonté, et parer son caprice de ce nom sacré ; car s'il est vrai de dire qu'il y a autant de souverains dans un état qu'il y a d'individus, c'est parce qu'en général toute créature humaine est douée plus ou moins de la faculté d'exprimer et de comprendre, ou de sentir les règles de la lumière éternelle, et mérite qu'on lui reconnaisse cette faculté en ne s'adressant qu'à elle pour demander aux volontés soumission et obéissance.

On voit donc que le plus haut point de perfection politique, et l'état le plus conforme à la nature même de l'homme où puisse arriver la société, c'est de ne rien rencontrer hors de soi à quoi on soit obligé de se soumettre, que cette puissance même devant laquelle on est obligé, au-dedans de soi-même, de s'incliner dans tous les momens de son existence ; c'est enfin de n'avoir à se courber devant aucune puissance que celle de la loi. C'est pourquoi, en définitive, la souveraineté royale, celle de la chambre des pairs et celle de la chambre des députés, vont se fondre dans une seule et même souveraineté, celle de la loi. Dans celle-là se résolvent en dernier lieu toutes les autres, quelles que soient d'ailleurs les formes de la constitution qui l'ont enfantée.

C'est, Messieurs, en présence de ces principes que vous vous trouvez ; c'est sous leurs auspices que vous êtes appelés à suivre le cours de vos travaux. Vous le voyez, jamais législateurs ne furent en meilleure position de travailler au bonheur de leurs semblables, et jamais peut-être à aucune époque la société ne fut mieux préparée à profiter des résultats de ces travaux.

Le fruit de la vraie liberté est mûr ; quelle noble et grande tâche pour vous, Messieurs, de le recueillir et de le présenter aux peuples, échappé sain et sauf des tempêtes qui durant quarante ans en ont empêché la moisson ! Oh ! dites-vous, et affermissez-vous bien dans cette pensée, que le règne de la vérité est enfin venu ; dites-vous bien que c'est le moment, pour la plupart d'entre vous, de ne pas manquer à leur vie entière. Quand le despotisme, armé de la force publique, à l'abri de laquelle il se montrait menaçant, allait partout se mettre à la traverse de nos réformes et de nos besoins, vous savez quels étaient alors vos vœux, et combien il vous coûtait de vous en remettre pour leur accomplissement aux efforts pénibles et lents du temps. Avec une espérance profonde, mais quelquefois lassée de n'être pas satisfaite, vous pensiez au fond de vos ames que dans vingt ans, dans quarante ou cinquante ans peut-être, vos principes de liberté, d'égalité,

d'économie, de prospérité publique, sortiraient triom-
phans, poussés par l'inévitable force des choses et le
mouvement des esprits. Eh bien! ce que vous n'attendiez
que d'un demi-siècle, trois jours vous ont mis à même
de l'entreprendre et de le réaliser vous-mêmes! La tyrannie, lassée de combattre avec les armes de la liberté,
eut la folie de sortir de la lutte ténébreuse et hypocrite
qu'elle faisait à la nation ; elle voulut se montrer au grand
jour avec ses propres forces, elle se souleva pour enfan-
ter les œuvres qu'elle avait conçues, et elle retomba
épuisée et impuissante, comme le mal et le néant mêmes.
Oh! quelle belle destinée que la vôtre! Vous avez vu
disparaître en trois jours tous les obstacles qui s'oppo-
saient à l'œuvre bienfaisante et féconde à laquelle vous
aspiriez : ce roi qui restait asservi avec sa postérité aux
fausses idées de grandeur et de gloire de l'ancien régime,
et qui renfermait la patrie dans le cercle privilégié de ses
courtisans, n'est plus là, retranché contre vous dans les
priviléges de sa couronne et dans la charte aristocratique
de 1814. Ce clergé qui était descendu de la haute sphère
où il devait servir Dieu et aimer les hommes, et rajeunir
la gloire du christianisme en l'associant encore à la liberté et au bonheur des peuples, ce clergé qui avait
contracté avec le despotisme une monstrueuse alliance,
afin de trouver le rétablissement de son règne temporel
par la force matérielle, n'a plus d'influence aujourd'hui
que pour faire le bien ; hors de là, personne en France
ne lui porterait plus ni force ni respect.

La vieille diplomatie européenne elle-même n'a-t-elle
pas renoncé à la chimérique prétention de nier le mouvement de la nation française? Le plus beau champ vous

est donc ouvert pour y élever le grand édifice que la France et l'Europe attendent de vous.

Déjà a été organisée en partie la souveraineté par l'élection d'un roi. La nation, par l'organe de vos prédécesseurs, a communiqué une portion de cette souveraineté à un de ses premiers et de ses meilleurs citoyens, et son souffle créateur a appelé à la vie politique une dynastie nouvelle. C'est un grand et heureux événement que celui qui nous a donné pour chef un citoyen qui par son âge, ses souvenirs et les premiers principes de sa jeunesse, date précisément de la même époque que notre liberté même.

Cette souveraineté que, dans l'état actuel du monde européen, il a paru sage de partager entre un chef héréditaire et la grande masse de la nation, se produisant par deux Chambres, une portion en a donc été bien aliénée entre les mains d'un roi qui en gardera, avec sa postérité, l'exercice, tant que des fautes qu'il ne nous est pas permis de prévoir dans le plus long avenir, n'auront pas amené cette nécessité où tombent quelquefois les rois et même les peuples, d'abdiquer une autorité qui s'est corrompue et desséchée dans leurs mains.

Mais si vos prédécesseurs ont accompli un acte pressant en faisant un roi, celui qui vous est réservé aujourd'hui est peut-être encore plus grand et plus important. Il vous reste la nation à organiser. Vous devez achever de creuser le lit où coulera désormais le pouvoir populaire. Que ce lit soit assez large pour que les générations présentes et les générations futures puissent y rouler à l'aise leurs ondes paisibles, afin que ces ondes, forcées de se frayer une autre route, n'aillent pas se perdre en torrens désastreux, ou se répandre en lacs stagnans et fétides.

C'est à vous, messieurs, à compléter notre édifice constitutionnel, édifice dont les fondemens furent jetés il y a quarante ans, qui depuis a été tant de fois remanié, pour devenir tour à tour le palais de la tyrannie monarchique ou populaire, et qui, enfin rendu à sa véritable destination par notre dernière révolution, doit rester l'asile offert à l'humanité contre toutes les oppressions, tous les priviléges, toutes les tyrannies. L'assemblée constituante commença la révolution ; vous avez à la fermer.

La Charte, en vous réservant la solution d'une question qui touche aux bases mêmes du pouvoir social, appelle d'abord vos regards sur la constitution de cette seconde chambre (1) destinée à entrer en partage de la souveraineté avec le roi et avec vous. Mais en quoi consiste cette question ? Est-ce de savoir si la chambre des

____

(1) On a prétendu que la Charte ne disant pas que le nom de *Chambre des Pairs* serait changé dans la révision de l'article 23, on ne pouvait toucher à cette dénomination. La Charte n'avait pas dit non plus que son article 24 serait modifié à la suite de l'article 23, et cependant l'article 24 devra nécessairement subir une modification dès que l'article précédent aura été changé. Cela est dans la nature des choses. Pareillement, lorsque le système constitutif de la Chambre des pairs est remplacé par un système tout-à-fait nouveau, on ne voit pas pourquoi on tiendrait au nom ancien. La révolution qui s'accomplit dans les choses devrait s'accomplir aussi dans les mots ; laisser subsister le nom de *pairie* c'est consacrer un mensonge dans l'expression, puisque à l'avenir cette dénomination s'appliquerait à une institution qui ne ressemblerait en rien au corps qu'elle sert à désigner aujourd'hui en France et en Angleterre. Notre dictionnaire politique, qui a changé notre *roi de France* en *roi des Français*, réclame aussi un mot nouveau pour remplacer celui de *pairie*.

pairs restera ou non telle qu'elle est aujourd'hui ?.....
Évidemment non. En proclamant le besoin de soumettre
l'organisation de cette chambre à la révision , la Charte
a par cela même arrêté d'avance qu'il serait procédé à
une organisation nouvelle de cette chambre , et la question est celle de savoir en quoi doit consister l'innova-
tion reconnue nécessaire.

Pour mieux savoir en quoi la chambre nouvelle doit
différer de la Chambre de 1814, il n'est pas inutile
d'examiner la fin et les principes suivant lesquels avaient
été mis en œuvre les élémens qui composaient celle-ci.

Lorsqu'en 1814, l'antique royauté reparut, ramenée
par Louis XVIII, elle se trouva naturellement mal à
l'aise au milieu de la population d'égalité et de liberté
qui couvrait alors le sol de la France. Craignant, pour
ainsi dire, de se mettre en contact avec ces générations
nouvelles, elle sentit le besoin de créer et de rallier autour d'elle une autre nation plus conforme à ses souvenirs et à ses sympathies. Elle se hâta d'évoquer les débris
de l'ancienne aristocratie française, et de rattacher toutes
ces petites légitimités de l'ancien régime à sa légitimité
renaissante.

Mais elle ne se contenta pas de recueillir et de grou-
per autour du trône les restes de notre vieille et féodale
aristocratie épars çà et là dans le naufrage de nos révolutions ; elle essaya de les faire rentrer dans le rang su-
prême des pouvoirs sociaux.

Forcée de reconnaître le pouvoir populaire , et d'admettre ses délibérations dans le gouvernement de l'état,
la royauté trouva un adoucissement à ses répugnances et
à ses craintes en accordant à la portion encore subsistante
de notre aristocratie la même influence qu'elle accordait

à la nation ; et, par un invincible esprit de retour vers l'ancien régime, elle tenta de refaire une nation privilégiée au milieu de la grande nation, espérant d'ailleurs trouver en elle un appui pour dominer celle-ci plus facilement.

C'est ainsi que la pairie se trouva encadrée dans la constitution, et que la chambre des pairs s'ouvrit à côté de celle des députés, son égale en pouvoir, mais plus environnée que celle-ci de ces marques de dignité et d'honneur destinées à rappeler sa noble origine et sa supériorité sociale. Aux yeux de la restauration, la chambre des députés, que la seule nécessité la forçait de reconnaître comme pouvoir politique, ne fut autre chose que la représentation du tiers-état, qu'une assemblée de bourgeois. La chambre des pairs, au contraire, fut considérée par la restauration comme une assemblée de seigneurs ; à elle aussi furent réservés les égards et les attentions de la monarchie. On l'appela la chambre *haute* ; ses membres furent des *seigneuries*, et dans toutes les assemblées publiques ils conservèrent sur la chambre *basse* un droit de préséance et une supériorité de cérémonial et de costume, choses puériles sans doute et bien insignifiantes en elles-mêmes, mais significatives pourtant, en ce qu'elles attestent que la chambre des pairs avait été créée par la monarchie en haine du principe d'égalité, et dans l'intention de faire revivre les démarcations qui divisaient notre vieille société.

L'exemple de l'Angleterre, où l'aristocratie s'est maintenue toute puissante à la tête de la nation, parce qu'elle ne cessa en aucun temps d'être dans les mœurs au sein desquelles sa puissance législative s'est accrue et s'est formée par une alluvion progressive et naturelle, cet exemple aida sans doute à l'illusion de la restauration et se mêla à ses sympathies pour lui faire croire qu'il serait possible de ranimer un fantôme. Mais, déraciné par l'assemblée constituante du sol de la France, dont il épuisait les sucs, l'arbre de l'aristocratie s'est éteint, il y a quarante-deux ans, et son tronc desséché, en vain replanté par la restauration, n'a pu reprendre vie parmi nous.

L'institution des majorats, le principe de l'hérédité, contre l'indépendance duquel la royauté se mit d'ailleurs en garde en se réservant de nommer les pairs à sa volonté, sans limitation dans le nombre et dans le choix, vinrent donc naturellement et comme d'eux-mêmes se lier à la constitution de la pairie.

Ce ne fut donc point tant pour créer un pouvoir modérateur et donner une garantie de plus à la sagesse des délibérations législatives que la royauté institua les deux chambres; ce fut surtout parce qu'elle vit en France deux nations, la noblesse et le tiers-état; voilà la véritable origine d'une chambre de pairs nommés par le roi et transmettant leur dignité et leurs majorats à l'aîné de leurs fils comme partie de leur succession.

Aujourd'hui qu'il est bien reconnu qu'il n'y a pas d'aristocratie en France, mais qu'il n'y a qu'une seule nation comme il n'y a qu'une seule loi, il est évident qu'il s'agit de constituer une deuxième chambre en dehors de tout caractère aristocratique, et étrangère à toute prétention de noblesse et de naissance.

Dès qu'il n'y a plus d'intérêts privilégiés à représenter en France, voyons quels doivent être les élémens qui composeront la nouvelle chambre. Prendra-t-elle sa source dans l'autorité royale ou dans le pouvoir populaire?

Il nous semble qu'elle ne doit émaner ni de l'une ni de l'autre.

Elle n'est pas destinée sans doute à représenter le roi ou la France. Sa mission est une mission toute de modération, d'ordre et de justice. La vraie représentation du pays, l'abrégé du pays tout entier, se trouve dans une autre chambre ; c'est de l'assemblée des députés que doit s'élever et se produire dans sa mobilité et sa variété toujours renaissante la voix de la France, *vox populi*.

Il n'est donc pas nécessaire que la deuxième chambre tire son origine du pouvoir populaire pas plus que du pouvoir royal, car le roi, en qui réside la direction permanente et supérieure, et la surveillance immédiate des intérêts de l'État, n'est représenté par personne, si ce n'est par ses ministres ; son gouvernement agit directement par lui-même, de même que les chambres ont leur action propre. Le roi et les deux chambres sont trois pouvoirs essentiellement distincts et séparés, quoique leur triple action aille se résoudre en un même résultat ; ils ne se doivent et ne se peuvent donc représenter l'un l'autre. C'est ce qui arriverait cependant, si, d'après l'opinion de quelques publicistes, on remettait la seconde chambre à la nomination du roi, afin qu'elle réfléchît en quelque sorte dans son sein l'autorité royale, et redoublât sur le pays l'action et l'éclat de la couronne.

Mais, pouvant être appelés à juger les actes de la royauté dans la personne de ses ministres, les pairs ne doivent plus être comme autant de facettes d'un même miroir qui reflètent l'image royale. Non, avec nos mœurs actuelles, la deuxième chambre ne doit point être une garde d'honneur destinée à camper dans les avenues du trône. Les rois doivent savoir aujourd'hui le secret de leur force et de leur faiblesse véritable ; ils doivent savoir qu'une royauté qui ne puiserait pas la garantie de son existence et de sa solidité dans la bonté de son gouvernement et sa propre valeur, commettrait en vain à sa garde la toge d'un sénateur ou la baïonnette d'un Suisse.

D'un autre côté, les membres de la deuxième chambre ne doivent pas y être portés par le mouvement d'une élection populaire, et y arriver encore agités des émotions ou des passions de la multitude. D'ailleurs le pays ferait un double emploi de son action élective, si, après s'être nommé des représentans et s'être manifesté dans l'assemblée de ses députés, il allait surgir sous une autre forme dans une autre assemblée. Si la loi électorale, en vertu de laquelle il aura procédé à cette grande opération, est ce qu'elle doit être, si elle lui a permis de se déployer tout entier et librement dans un premier exercice de sa souveraineté électorale, à quoi lui servirait la répétition de cet exercice appliqué à la nomination d'un sénat?

Sa représentation, ainsi scindée en deux corps, s'affaiblirait en se divisant, et serait exposée à se mettre en contradiction avec elle-même, en donnant naissance à deux pouvoirs obligés, sinon à se combattre, du moins à porter chacun son jugement indépendant sur le même objet. Ainsi dépouillée de son unité, l'action électorale du pays perdrait de sa dignité et de sa grandeur; car, la nation entière délibérant, il serait contraire à la dignité de ce grand tribunal qu'il sortît deux sentences contradictoires de ses délibérations (1).

-----

(1) Il y aurait peut-être à ajouter à ces considérations l'exemple des conseils des Anciens et des Cinq-Cents. Nous n'avons que le temps de l'indiquer.

Après avoir également écarté et la nomination royale et l'élection par le peuple, voici, Messieurs, le système que nous soumettons à vos méditations :

Une chambre qui, au milieu des émotions sociales, au milieu des changemens de règne et de ministères, se perpétuerait d'elle-même, et s'assimilerait par ses propres choix les hommes qui lui paraîtraient les plus dignes d'entrer dans son sein, dans toute l'étendue du royaume, ne vous paraîtrait-elle pas, Messieurs, réunir les conditions que vous demandez à une chambre conservatrice, modératrice et perpétuelle?

On veut une assemblée destinée à représenter la stabilité. Or, laquelle des deux atteindra le mieux ce but ou d'une chambre qui, à l'abri de tout bouleversement, se recrutera d'elle-même insensiblement et sans secousse, ou d'une chambre comme celle qui existe aujourd'hui, et qui, malléable comme la cire entre les mains de la royauté, pourra changer d'esprit et de caractère du soir au lendemain par suite de ce droit attribué à la couronne d'en changer à son gré la majorité par l'introduction de membres nouveaux?

Enfermée dans une enceinte également inaccessible aux factions populaires et aux intrigues de cour, vivant dans une atmosphère étrangère à l'une et à l'autre de ces influences, une assemblée telle que nous la concevons traverserait les siècles en participant de leur durée, et en accomplissant sa haute mission avec une indépendance toujours la même.

Mais une chambre constituée d'après le système actuel, quelle consistance et quel crédit aura-t-elle dans la nation lorsqu'elle aura subi une de ces altérations dont nous venons de parler? Et si cette altération a été le résultat d'une mesure irréfléchie ou erronée de la part de la couronne, où sera le remède?... Tout le monde se souvient encore des 76 de M. de Villèle.

S'il s'agit d'une pairie que nommerait le roi à vie et sans hérédité, il n'est pas besoin d'insister pour montrer que cette pairie ne serait qu'une espèce de conseil d'État entièrement à la discrétion du roi et des ministres. Une semblable chambre manquerait tellement de dignité et d'indépendance que l'on a peine à concevoir comment un ministère, dont le chef a pendant si long-temps mérité dans l'opposition libérale une belle renommée, même après les Foy et les Manuel, a présenté à la nation son projet de loi sur la pairie.

On souffre en lisant ce projet, et l'on se demande si l'on ne doit pas croire à l'accomplissement de ce mot qu'a écrit quelque part un homme qui appartient par son cœur à l'ancien régime, et à l'époque actuelle comme à tous les temps par son esprit vaste et pénétrant : « Pour arriver aux générations nouvelles, il y a tout un désert à traverser... » Puissiez-vous, Messieurs, à force de dévouement et d'amour du pays, fertiliser le désert et faire mentir la prophétie de M. de Chateaubriand! Il n'est pas besoin pour cela d'avoir le génie de Mirabeau ou de Napoléon.

Et puissent tous ceux qui se chargent de la grave mission de parler des intérêts publics, tirer une grande leçon de cette défection de l'ancienne opposition libérale, et avoir la justice de ne pas oublier qu'il est souvent plus facile de faire retentir la presse ou la tribune de critiques amères et violentes, que de travailler à l'œuvre par ses propres mains !

La nomination purement royale et à vie étant inadmissible, il y aurait donc nécessité d'y joindre l'hérédité, et l'on retomberait ainsi dans le système adopté par la restauration.

Il y a des hommes sages et consciencieux qui tiennent à ce système comme à une nécessité, et qui pardonnent au privilége en faveur de son utilité. Ils y voient une garantie de dignité et d'indépendance pour les pairs qui, sûrs de transmettre leur rang à leurs fils, n'encourraient pas dans l'opinion publique le soupçon de se soumettre à l'influence du roi ou des ministres, afin de conserver leur position sociale à leurs enfans. Ils y voient enfin le moyen de donner à l'institution cette stabilité et cette espèce de science traditionnelle qui doivent former son principal caractère, puisqu'un de ses attributs est de protéger le pays contre les innovations trop subites.

Assurément dans la supposition, que nous n'admettons pas, où les pairs émaneraient du roi, il est hors de doute que l'on devrait faire intervenir le privilége de l'hérédité comme une garantie. Mais comme la nomination par le roi est loin d'être absolument indispensable, il nous semble qu'on ne doit voir qu'un motif de plus dans la nécessité de cette garantie pour rejeter l'élection royale. Il faudrait, en effet, de bien fortes raisons pour consacrer comme élément de la constitution même, un privilége aussi monstrueux que celui de l'hérédité. Tout a été dit à cet égard; et pour ne pas voir, entre autres choses, combien il est contraire à la justice et à la raison qu'un fils soit juge et législateur, parce qu'il est le premier né d'un père qui était juge et législateur, il faudrait que l'état des mœurs fît illusion, que le privilége s'y fût introduit par une sorte de prescription insensible, et fût masqué par l'habitude. Mais il suffit de se rappeler l'histoire de nos quarante dernières années, encore vivante au milieu de nous, ou plutôt un seul moment de cette histoire, la nuit du 4 août 1789, pour être convaincu que nos mœurs s'unissent à la raison pour le repousser.

Enfin, ajoutons une dernière considération qui donnera une nouvelle force à ce que l'on peut dire contre tout système où interviendrait l'élection par le roi : c'est que dans l'état présent de nos mœurs, il importe à la solidité du trône même qu'il ait plus de simplicité qu'il n'en a eu jusqu'à présent. La France ne tient plus à la royauté par sentiment, par prestige ou même par habitude, mais seulement par raison, et parce que la royauté lui paraît utile. Les liens nouveaux qui l'unissent à elle se fortifieront donc d'autant plus que le luxe de la cour et le nombre des courtisans diminuera davantage. Or, tant que la nomination à la pairie pourra devenir un acte de la faveur royale, une négociation clandestine d'antichambre, il y aura une foule de personnages qui se feront courtisans pour devenir pairs.

En vain, Messieurs, comme dans le projet de votre commission, mettrait-on des conditions au choix royal, et le circonscrirait-on dans certaines catégories, l'objection n'en subsisterait pas moins, parce qu'il est incontestable qu'on pourrait avoir été ministre, général, etc., ou payer tel ou tel impôt, et cependant devoir son nouveau titre de pair à toute autre chose qu'à son mérite personnel ; et que tous les hommes qui réunissent les qualités énoncées dans le projet de votre commission, ne sont pas, par cela même, tous indifféremment aptes à exercer cette haute magistrature.

Le mode de nomination que nous vous soumettons, Messieurs, est donc, dans tous les cas, préférable à celui de la nomination par le roi, et cela indépendamment même des considérations que nous avons présentées, pour montrer que le roi ne peut raisonnablement pas être chargé de la création d'un corps destiné à être son égal en pouvoir, et à partager avec lui la souveraineté. Ce qui seul est conforme à la raison, c'est qu'une chambre qui fait partie de la trinité souveraine, et qui est égale en pouvoir aux deux autres membres du corps souverain, soit indépendante comme eux ; et ait aussi son existence propre et distincte.

Ainsi, tous trois pouvoirs souverains, la nation, le le roi et la deuxième chambre, se trouveront dans une position analogue : la nation choisira ses députés, le roi ses ministres, la deuxième chambre ses propres membres, de telle sorte que chacun conservant la libre action de sa volonté, comme il convient à sa dignité, restera seul chargé de l'entière responsabilité de ses actes; et si, contre toute attente, la chambre nouvelle venait un jour à mériter la défaveur publique, l'effet n'en retomberait que sur elle seule et ne s'étendrait plus jusqu'au trône.

Enfin il est évident qu'une chambre qui se recruterait d'elle-même et en dehors du choix populaire, aurait essentiellement ce caractère de ne pas être comme une portion et une seconde épreuve de la chambre élective; elle formerait une assemblée véritablement distincte de l'autre, et étrangère à toute influence populaire elle serait parfaitement apte à l'appréciation la plus rigoureuse des actes de la chambre élective.

Mais, d'une autre part, ce mode de nomination ne renferme-t-il pas au moins autant d'avantages que la nomination électorale elle-même? Il réside tout entier dans l'élection, et cette élection contient les plus hautes garanties que l'on puisse imaginer.

En effet si le choix du roi peut être enlevé par l'intrigue et devenir le prix de l'assiduité des courtisans, le choix d'une grande assemblée d'électeurs qui ne se connaissent pas, qui arrivent de toutes parts, souvent sans avoir rien préparé, rien concerté, et qui votent en descendant de cheval, sur des données incertaines, peut-être enlevé par surprise et devenir une affaire de hasard. Mais le vote d'un sénat grave et recueilli, qui choisira après une délibération mûre et réflchie, et tout pénétré des intérêts qui feront l'objet constant de ses études, un tel vote, entouré d'ailleurs de toutes les formes qui accompagnent celui des lois, et avant lequel on se serait livré à des discussions dans lesquelles les ministres mêmes pourront être entendus, un tel vote sera presque toujours irréprochable.

De plus, la vue des colléges électoraux est naturellement courte et circonscrite ; elle ne sort pas de sa localité, et doit le plus souvent céder à l'influence d'un intérêt particulier. Leur choix s'exerce dans un cercle borné de choses et de personnes. La deuxième chambre, au contraire, placée dans une sphère plus élevée, ayant un plus vaste horizon, portera ses regards dans toutes les parties du royaume pour aller y chercher les hommes éminens en tout genre de vertu et de mérite. Quelle que soit la carrière dans laquelle un citoyen se soit fait connaître, qu'il ait illustré sa vie sur le champ de bataille, dans les débats de la tribune ou de la presse ; qu'il se soit rendu utile à son pays dans le commerce et l'industrie, ou qu'il ait instruit et consolé ses semblables en répandant sur eux les bienfaits également doux et pacifiques de la religion, de la poésie, des sciences et des beaux-arts, il sera adopté par une chambre admirablement placée pour accomplir son auguste mission et devenir en quelque sorte le Panthéon des vivans.

Enfin, en supposant que parmi ces graves électeurs il y en eût qui pussent subir dans leur choix quelques-unes de ces influences auxquelles sont sujets le prince et les masses électorales, hâtons-nous de dire que dans le système que nous vous soumettons, Messieurs, deux précautions viendront obvier à cet inconvénient. D'abord l'élection se ferait publiquement, discutée à la face du pays, et les suffrages des deux tiers des membres de l'assemblée entière seraient nécessaires pour la nomination d'un nouveau membre. Certes, cette garantie suffirait seule pour rendre l'élection pure de tout reproche d'influence individuelle et personnelle.

La seconde garantie serait dans les mains du roi. De même que le roi juge quelquefois utile et a la faculté de défaire l'œuvre des élections (parce qu'il est, avant les autres pouvoirs, la sentinelle vigilante du pays et le gardien toujours présent de ses institutions et de ses intérêts), de même qu'il peut en appeler aux assemblées électorales de leur premier choix, ainsi, s'il s'apercevait que la deuxième chambre eût été entraînée, à son propre insu, à faire un choix qu'il jugerait préjudiciable au pays, il aurait la faculté d'annuler le choix de cette chambre et de lui demander l'épreuve d'une seconde élection.

Telles sont, Messieurs, les idées principales du système qui nous paraît le plus moral et le plus digne de la raison et du pays. Nous avons essayé de les reproduire dans les dispositions d'un projet de loi.

Article premier. — La Chambre des pairs est remplacée par la *deuxième Chambre législative*.

Art. 2. Tout Français âgé de trente ans peut faire partie de cette chambre.

Art. 3. — Le nombre de ses membres est fixé à trois cents. Les membres qui font actuellement partie de la chambre des pairs, et qui ont été maintenus par la déclaration du 7 août 1830, feront de droit partie de la deuxième chambre législative.

Art. 4. — Les promotions à faire pour compléter ce nombre seront, et pour cette fois seulement, faites par la chambre des députés, et avec les formalités et discussion nécessaires au vote des lois.

Art. 5. — Toute vacance qui surviendra à l'avenir sera immédiatement remplie par la deuxième chambre elle-même. La nomination sera faite et discutée dans les formes suivies par la chambre pour la confection des lois. Nul candidat ne pourra en faire partie s'il n'est admis à la majorité des deux tiers de l'assemblée.

Art. 6. — Le roi a la faculté d'annuler l'élection, à la charge d'en user dans les huit jours. Mais dans ce cas, le candidat réélu par un second vote de la Chambre en fait irrévocablement partie.

Art. 7. — Les membres de la chambre ont droit, sur leur seule demande, à une indemnité annuelle de 6,000 francs. Ils sont inamovibles, et conservent les fonctions judiciaires et la jouissance des priviléges réservés précédemment aux pairs, relativement à la contrainte par corps et à la poursuite pour crime ou délit.

Dans cette esquisse de loi se trouvent deux dispositions sur lesquelles nous n'avons encore rien dit. L'une
est relative à l'indemnité à accorder aux membres de la
deuxième chambre, l'autre aux nominations qui seraient
nécessaires pour atteindre le nombre de trois cents, et
qui seraient faites par la chambre actuelle des députés.

La chambre nouvelle se déterminant dans ses choix,
uniquement par le mérite personnel des candidats
qu'elle adoptera, et ayant d'ailleurs à un haut degré
les lumières nécessaires pour apprécier le mérite, on
ne saurait lui laisser trop de latitude; et même le moyen
qu'elle fasse les meilleurs choix, c'est de lui remettre à
cet égard un pouvoir absolu.

Mais les qualités que doit réunir un bon législateur,
un homme propre à diriger les destinées de son pays, ne
se rencontrent pas exclusivement parmi les citoyens les
plus imposés. Il en est souvent qui sont plus riches en
vertus et en talens qu'en biens mobiliers ou immobiliers.
Pour que la Chambre puisse appeler ces hommes dans
son sein, il est indispensable qu'une indemnité leur soit
accordée, et que la patrie les place dans une position où,
au-dessus des besoins, ils se consacrent tout entiers à elle.

Adopter le principe contraire, et déterminer un cens
hors duquel nul ne pourrait être élu, ce serait exclure
une foule d'hommes dignes des respects et de la recon-
naissance de la nation.

Certes, Messieurs, je crois émettre un vœu que vous
partagerez tous, en manifestant l'espoir de voir M. de
Chateaubriand prendre place dans la nouvelle chambre
que vous organisez. Eh bien ! soumettez cet homme à la
mesure de l'impôt et cette chambre restera fermée à son
illustration, à ses fécondes et généreuses pensées !

Quelques personnes ne manqueront pas de dire qu'il répugne à l'honneur et à la dignité de fonctionnaires placés si haut qu'ils soient salariés par le budget... Pourquoi donc y a-t-il un budget, si ce n'est pour soutenir les services consacrés à la société, et sans lesquels l'ordre social deviendrait impossible? Ce qui serait contraire à l'honneur, c'est que les fruits de l'impôt allassent par des voies souterraines alimenter des services que le pays ne connaîtrait pas. Mais il n'est ni honteux, ni immoral, ni contre l'économie bien entendue des deniers publics, que tout citoyen vive de son travail, le fonctionnaire public comme les autres. Et si nous portons nos regards jusqu'au trône, nous verrons que la royauté elle-même est soumise à cette loi de la société, et que ces énormes rétributions que reçoivent tous les souverains de l'Europe ne sont que des salaires déguisés par leur énormité même sous le nom de liste civile.

D'autres, au contraire, loin d'être d'avis de supprimer cette indemnité, la trouveront trop mesquine, et prétendront chercher dans un taux plus élevé une cause de considération et d'indépendance. On peut très-brièvement leur répondre : qu'il y a une partie considérable de la population qui manque presque du nécessaire, que les nouveaux pairs devront chercher ailleurs que dans leur fortune la considération publique, et enfin que les richesses ne donnent pas l'indépendance à celui qui n'est pas indépendant par caractère, et qui ne met pas sa plus grande satisfaction dans l'accomplissement de ses devoirs.

On a beaucoup agité, Messieurs, le point de savoir si vous étiez ou non investis d'une autorité constituante, et si vous deviez ou non procéder seuls à l'organisation d'une pairie nouvelle. Il est hors de doute que faire une chambre législative , c'est faire un acte constituant ; c'est supposer que la souveraineté n'est pas complétement et définitivement organisée : or, en pareil cas, la souveraineté résiderait encore dans sa source qui est la nation ; c'est-à-dire que vous , qui représentez la nation, seriez exclusivement appelés à achever la constitution du pouvoir souverain. Au moins n'y aurait-il que le roi, pouvoir déjà établi à côté de vous, qui pût être admis à concourir à votre œuvre, et la chambre des pairs qui cesserait d'exister par cela seul qu'on s'occuperait de lui substituer une autre assemblée, ne pourrait y prendre part. Mais il nous semble qu'en mettant de côté toute discussion métaphysique , et réduisant la question à une question d'opportunité et d'utilité, c'est vous seuls qui devez conserver le soin, sinon d'organiser la chambre nouvelle, au moins de nommer les membres nouveaux appelés à la compléter. Tant que ceux-ci ne seront pas nommés, la chambre, incomplète, n'existera pas encore ; ce n'est donc pas elle qui devra faire ces nominations. D'un autre côté, il ne serait pas moins choquant qu'elles fussent remises au roi, puisque notre système repose en grande partie sur l'exclusion de l'élection royale. Reste donc la nation ; c'est-à-dire vous, Messieurs, qui la représentez, et on ne peut douter que vous ayant investis du pouvoir de fonder une pairie nouvelle, elle vous ait investis en même temps de celui de nommer les premiers membres de cette assemblée, car les personnes sont ici une portion essentielle de l'institution même.

Pour ce qui est de savoir si la chambre des pairs sera ou non appelée à donner son approbation aux bases de l'institution qui va lui être substituée, la question paraît en réalité à peu près indifférente, et le résultat nous semble devoir être le même, que la pairie actuelle intervienne ou non. Mais il est à présumer qu'elle agira comme elle a fait au 7 août 1830 ; elle comprendra qu'elle n'a aucun intérêt à être consultée en pareil cas. Elle est dans une position où elle n'a rien à gagner dans l'opinion à émettre un vote même approbatif. On sait qu'elle ne peut pas plus voter aujourd'hui contre la mesure que vous allez prendre, qu'elle ne le pouvait au 7 août contre l'élimination de pairs prononcée par la chambre qui vous a précédés.

Eh ! dans la pensée de qui serait-il entré à cette époque d'élever la voix contre les garanties que la chambre des députés stipulait pour le pays ? Les cœurs battaient alors comme ils battirent en 89 ; c'était la même foi, la même espérance. On eût dit que la France naissait pour la première fois à la liberté et à l'égalité. Ce fut un de ces momens rares et heureux où les hommes, émus par de grands spectacles, par d'immenses catastrophes, se séparent de leurs habitudes, de leurs préjugés de position, de naissance, de fortune, et reçoivent dans sa clarté la plus vive l'impression de la vérité. Ah ! qu'il est à regretter que la chambre n'ait pu alors achever en même temps toutes les parties de notre édifice constitutionnel, faire tout ce qui avait besoin d'être fait ! que toutes les lois organiques n'aient pu être achevées dans leurs détails les plus éloignés par le même esprit qui dicta et fit adopter la déclaration du 7 août !

Mais, précipitée par le temps et pressée par le besoin de prévenir l'anarchie, elle eut à peine le loisir de résumer en termes généraux les vœux et les espérances de tout le monde, et de pressentir ce que réclamait l'avenir. C'est ainsi que, frappée de l'incompatibilité de la pairie héréditaire avec l'histoire de nos cinquante dernières années, et avec le sentiment des masses, elle statua que l'art. 23 de la Charte éprouverait une révision dans la session actuelle. Il s'agissait de remplacer l'hérédité par un système plus conforme à la raison, pur de tout levain aristocratique et qui cependant offrît autant de garanties ; assurément le problème était difficile, elle ne pouvait le résoudre en quelques heures, et elle se borna à vous en léguer la solution.

Tous ceux qui ont réfléchi sur ce grand intérêt vous doivent le tribut de leurs pensées, et c'est à ce titre que j'ai essayé de vous exposer les miennes.

Une seule objection sérieuse me paraît pouvoir être élevée contre ce système : c'est qu'une chambre ainsi organisée, ainsi retranchée dans son enceinte à l'abri de toute influence directe et active de la part du roi, se trouvera investie d'une puissance exorbitante, et, par le seul effet de son indépendance excessive, ne tardera pas à devenir despotique, à vouloir dominer et le roi et la chambre des députés.

Nous répondrons d'abord qu'il y a des inconvéniens à tout ; que, quelque système qui soit adopté, le meilleur ne sera pas entièrement exempt d'embarras ; enfin qu'il faut voir les choses d'après leur train commun et ordinaire.

Or, à considérer sous ce point de vue une chambre formée suivant le mode que nous venons de développer, quelle apparence que des hommes élus par des magistrats recommandables eux-mêmes par leurs vertus et leurs lumières, des hommes pris partout et dégagés de tout intérêt de caste et de privilége, aient jamais la prétention de s'arroger une puissance que son isolement rendrait stévile, et qui, au pis aller, ne pourrait avoir pour effet que d'entraver momentanément la production des actes législatifs? Que si son opposition aux deux autres pouvoirs était le résultat d'une erreur, pourquoi ne pas admettre, ce qui est probable, qu'elle s'éclairera et que le conflit cessera bientôt?

Mais que ce conflit se manifeste quelquefois entre les trois pouvoirs, que la chambre modératrice puisse n'être pas de l'avis du ministère ou des députés, qu'y a-t-il là que de naturel et qui doive alarmer? N'est-ce pas au contraire une des conséquences de l'existence simultanée et de la nécessité des trois pouvoirs? Il doit arriver quelquefois qu'ils aient besoin de s'éclairer en se choquant.

Cette objection, qui au reste aurait autant de force contre la royauté ou la chambre des députés, eût été bien plus grave élevée contre la chambre des pairs telle que l'avait organisée la restauration, qui, d'ailleurs, n'avait pas manqué de prévoir le danger d'y remédier. Si la royauté ouvrit la chambre des pairs pour donner une influence légale et un nouvel élément de vie à l'aristocratie éteinte; si elle voulut s'environner d'un atmosphère aristocratique, elle n'oublia pas les anciennes prétentions de la noblesse française; en l'interposant entre elle et le tiers-état, elle voulut cependant se mettre à l'abri de cet esprit de domination et d'envahissement qui est inhérent à une classe de la société, habituée à se considérer au-dessus des autres, et qui est d'autant plus portée à étendre et à exagérer ses priviléges que leur base est plus frivole et plus fragile. Aussi la royauté se réserva-t-elle la nomination des pairs, et surtout établit-elle que leur nombre serait illimité, précaution devenue plus nécessaire encore pour combattre le principe de l'hérédité, admis non comme garantie de force et d'indépendance pour la pairie, mais comme élément et tradition d'aristocratie.

Cette tendance dominatrice ne saurait être à craindre de la part d'un corps qui serait pur dans sa formation de toute intention et de tout antécédent de privilége à conserver et à défendre, et se recruterait dans tous les rangs de la société d'hommes qui arriveraient dans son sein avec l'empreinte du principe d'égalité, s'investiraient d'une magistrature auguste comme un juge s'investit de ses fonctions judiciaires, et n'auraient à apporter dans l'exercice du pouvoir qu'un intérêt de raison et de justice.

N'oublions pas une observation qui s'applique aussi bien à notre nouvelle chambre qu'aux deux autres membres du souverain, c'est que celui des trois pouvoirs qui aurait la démence obstinée de se séparer systématiquement des deux autres, et de rompre avec l'unité souveraine, périrait infailliblement comme un branche détachée du tronc de la constitution. Un exemple récent vient de nous l'apprendre : la royauté de Charles X, isolée des deux autres pouvoirs, a cessé aussitôt d'exister, et son sceptre, séparé du faisceau invincible tressé par la constitution, a été aisément brisé comme un rameau sec détaché de l'arbre de vie. L'instinct de leur propre conservation doit être le garant de l'union et de l'harmonie des trois pouvoirs.

Pour me résumer en finissant, Messieurs, j'ai cherché à constituer une chambre qui ne soit ni peuple ni roi, étrangère par conséquent à l'élection populaire et à l'élection royale, qui soit le foyer où viennent aboutir tous les genres de mérite, qui appelle dans son sein tous les hommes éminens par leurs vertus, leurs lumières, les services rendus au pays : aristocratie bienfaisante, vraiment digne de ce nom, dont l'humanité n'a point à rougir, et qui, loin d'avoir rien à craindre des vicissitudes de l'avenir, ne peut que se fortifier avec le temps et grandir avec la civilisation.

Quand vous aurez donné à la France la solution de ce problème, Messieurs, et que vous aurez basé la loi électorale sur ses vrais principes, vous partagerez avec l'assemblée constituante la gloire d'avoir établi notre liberté et d'avoir mis notre loi politique d'accord avec la raison et avec nos mœurs. Ce qu'elle commença avec cette foi vive et primitive qui a répandu tant de lumières sur ses travaux, avec cet enthousiasme et ce dévoûment pour l'humanité dont la pureté n'était flétrie ni par les passions politiques, ni par ce découragement et cette fatigue qui se glissent dans le cœur des hommes à la suite des révolutions ; plus heureux qu'elle, vous l'achèverez avec cette maturité et cette sagesse que donnent quarante ans d'exrience. En même temps que vous proclamerez les principes dans tout leur éclat, et que vous les mettrez franchement en lumière dans leur intégrité, vous saurez envisager avec la même sincérité les réalités actuelles de la société et modifier les principes sur les faits, en leur laissant toutefois des pierres d'attente et préparant ainsi leur parfait accomplissement dans l'avenir.

Puissiez-vous apporter dans une tâche aussi grande et l'enthousiasme de notre première assemblée délibérante, et la maturité de l'expérience, et surtout ce sentiment d'humanité grave et religieux qui tempère si bien la liberté, et que l'on ne peut contempler sans respect et sans attendrissement, quand on parcourt les travaux des premiers fondateurs des constitutions américaines !

C'est ainsi, et seulement ainsi, que vous parviendrez à éteindre la révolution ; ce n'est pas en la dissimulant ou en la répercutant dans le corps social que l'on peut en finir avec elle ; c'est en lui ouvrant par les lois une voie large et régulière, c'est en la prenant telle qu'elle est pour la régler et l'organiser. Alors périra d'elle-même sans aliment et sans prétexte, cette force que l'on nous représente toujours aveugle et menaçante au sein de la société, et portant dans ses flancs la république, l'anarchie et le despotisme.

La dynastie tombée sera alors séparée de nous pour toujours ; car si les chances qui lui restent aujourd'hui paraissent avec raison bien faibles , il ne serait pas impossible que le malaise et le mécontentement de la nation s'agrandissent un jour au point de faire cesser l'exil imposé par la justice de la Providence à la branche aînée des Bourbons.

Enfin les faisceaux de la république s'évanouiront comme le sceptre de Henri V. Quand notre roi réunira à la stabilité d'un trône héréditaire l'économie des deniers publics, qu'il appellera autour de lui des hommes probes et éclairés, et qu'il en éloignera le luxe et les courtisans, qui pourra-t-on lui préférer? et comment en effet un tel roi ne serait-il pas de beaucoup préférable pour nous à un président républicain?

ÉVERAT, Imprimeur, rue du Cadran, nº 16.